# 강물사색

시산맥 기획시선 139

**강물사색**

시산맥 기획시선 139

초판 1쇄 인쇄 | 2024년 10월 20일
초판 1쇄 발행 | 2024년 10월 25일

**지은이** 김상현
**펴낸이** 문정영
**펴낸곳** 시산맥사
**편집주간** 김필영
**편집위원** 신정민 최연수
**등록번호** 제300-2013-12호
**등록일자** 2009년 4월 15일
**주소** 03131 서울특별시 종로구 율곡로 6길 36. 월드오피스텔 1102호
**전화** 02-764-8722, 010-8894-8722
**전자우편** poemmtss@naver.com
**시산맥카페** http://cafe.daum.net/poemmtss

ISBN 979-11-6243-518-2 (03810) 종이책
ISBN 979-11-6243-519-9 (05810) 전자책

값 12,000원

* 이 책은 세종특별자치시와 세종시문화관광재단 지원금으로 제작되었습니다.
* 이 책은 전부 또는 일부 내용을 재사용하려면 반드시 저작권자와 시산맥사의 동의를 받아야 합니다.
* 이 책은 교보문고와 연계하여 전자북으로 발간되었습니다.
* 본문 페이지에서 한 연이 첫 번째 행에서 시작될 때에는 〈 표기를 합니다.
* 저자의 의도에 따라 작품의 보조 동사와 합성 명사는 띄어쓰기가 달라질 수 있습니다.

강물사색

김상현 시집

| 시인의 말 |

염소는 늙은 모습으로 태어나
풀밭 하나로 감사하고

등 굽은 채 사막을 걷는
낙타의 눈망울에는 별들이 깃든다.

시와 동반하는 내 생을
어찌 감사하지 않으랴.


2024. 가을
김상현

■ 차례

## 1부 강물사색

| | |
|---|---|
| 무욕無欲 | 19 |
| 물길 | 20 |
| 각角 | 21 |
| 성장통成長痛 | 22 |
| 무동舞童 | 23 |
| 무심無心 | 24 |
| 유희遊戲 | 25 |
| 곡비哭婢 | 26 |
| 종심從心 | 27 |
| 수색秀色 | 28 |
| 해갈解渴 | 29 |
| 치부恥部 | 30 |
| 월광月光 | 31 |
| 감사感謝 | 32 |
| 일엽一葉 | 33 |
| 공空 | 34 |
| 태동胎動 | 35 |
| 그림자影 | 36 |
| 물과 시인 | 37 |
| 선線 | 38 |
| 투신投身 | 39 |
| 해찰 | 40 |
| 왜곡歪曲 | 41 |
| 물소리 | 42 |
| 투기投棄 | 43 |
| 강변에 살며 | 44 |
| 강가 돌멩이 | 45 |

## 2부  안부

| | |
|---|---|
| 가을안부 | 49 |
| 명함 | 50 |
| 부고訃告 | 51 |
| 장마 | 52 |
| 똥차 | 53 |
| 세상에 가장 아름다운 장면 | 54 |
| 파도소리 | 55 |
| 밭 하나 사면 | 56 |
| 붕어 | 57 |
| 나비 | 58 |
| 씀바귀꽃 | 59 |
| 안부 | 60 |
| 간지럼나무 그 사람 | 61 |
| 저승꽃 핀 당신 | 62 |
| 가족 | 63 |
| 어머니, 그 호칭 | 64 |
| 어머니의 사투리 | 65 |
| 오래된 일기 | 66 |
| 아름다운 고집 | 67 |
| 지금이 오월이예요 | 68 |
| 할머니의 등 | 70 |
| 나무가 뿌리를 뻗을 때 | 71 |
| 사과 맛있게 먹자 | 72 |
| 만남과 헤어짐 | 73 |
| 어둠 속에 있는 그대여 | 74 |
| 누수 | 75 |

## 3부  숲에 관한 소묘

낙하하는 것들은 모두가 꽃이다　　79
바람이 사는 곳에　　80
어쩌자고 이러는지　　81
숲속의 초병哨兵　　82
우듬지가 봄이다　　83
꽃에 관한 기억　　84
들꽃을 보며　　85
봄꽃나무　　86
꽃들의 기억　　87
설경　　88
자작나무 다비식　　89
누가 숲을 죽었다 하는가　　90
깊은 레퀴엠　　91
객관적 견해　　92
보리밭　　93
라플레시아 당신　　94
미안하구나　　95
도다리의 노래　　96
참치를 위한 시　　97
나의 집 나의 하느님　　98
바다가 우는 날　　99

## 4부  자화상

디지털 세상　　　　　　　　　103
도서관 한 채　　　　　　　　104
자화상　　　　　　　　　　　106
노환　　　　　　　　　　　　107
내 해골을 본 적이 있다　　　　108
손수건 빨지 마라　　　　　　 109
창窓　　　　　　　　　　　　110
폭력적 인사　　　　　　　　　111
빨대에 관한 명상　　　　　　 112
인생을 꿈꾸다　　　　　　　　114
말　　　　　　　　　　　　　115
뒷모습　　　　　　　　　　　116
노구老軀　　　　　　　　　　117
도망逃亡　　　　　　　　　　118
거울을 사이에 둔 대화　　　　119
인체에 관한 기계공학적 접근　120
빠이빠이 데이　　　　　　　　122
대장내시경　　　　　　　　　123
늙음에 관하여 1　　　　　　　124
운명　　　　　　　　　　　　126
나는 꽃 피는 중이다　　　　　127
늙음에 관하여 2　　　　　　　128
모습　　　　　　　　　　　　129
신군주론　　　　　　　　　　130
시인들이여 너무 오래 살지 마라　132
저항을 위한 제언　　　　　　 133

■　해설 | 권덕하(시인)　　　　135

# 1부

강물사색

## 무욕無欲
-강물사색 1


강물에 비친
꽃
내 것 아니고

강물에 넘어진
산
내 것 아니고

오직
내 것은
살 비비며 같이 흘러가는
그대뿐.

# 물길
-강물사색 2

물길이 길이다
욕망이 질주하는 사람의 길은
길 아니다

낮은 데를 찾아
낮은 자리로 내려앉는
말랑말랑한 고집

세상에서 가장 부드러운 길
그 길의 끝이 짜디짠 바다라는 것을
알면서도 묻지 않고
묵묵히 흐르는 본성

거슬러 올라가는 사람의 길은
길 아니다
제 몸을 굽히고 낮은 데를 찾아 눕는
물길만이 길이다.

## 각 角
-강물사색 3

강물에는 모서리가 없다
절벽에 제 몸이 부딪혀도 모서리를 만들지 않는다

산을 만나면 돌아가고
다른 물줄기를 만나면 무동을 태우고 흐른다

모서리가 없기에 강물은
모서리가 있는 것들을 적실 줄 안다

모든 열매가 모서리가 없듯
강물에는 모서리가 없다.

## 성장통 成長痛
-강물사색 4


갈대는 혼자 울지 않는다
바람과 함께 운다

갈대는 울지만
무심한 건 강물이다

흐르는 것은 모두가 무심해서
세월도 울지 않는다

아픈 살점인 갈대는
울면서 자라고 울면서 쓰러진다

다만 함께 울어주는 바람으로 인해
슬픔을 슬픔으로 간직하지 않는다.

# 무동 舞童
-강물사색 5


빗줄기는 서서 죽어도
강물은 누워서도 흐른다

얕은 곳에서 노래를 부른 나는
얼마나 편안한 삶을 추구했던가

나는 턱 없이 부족한 물줄기로
내 가슴도 적시지 못하고

메마른 강바닥을 들어냈다

침묵의 큰 노래
강물이 서로 무동을 태우고 흐른다.

## 무심無心
-강물사색 6

강물에 그대 마음 던져버리세요

가물가물 아주 먼 데까지 흘러가도록
던져버리세요

강물에 그대 마음을 던진 뒤로는
강물을 따라가지 마세요

강물을 거슬러 올라가세요

그대 던져버린 마음을
강물이 삼키고
마침내 바다가 삼킬 때까지

그 강물조차 바라보지 마세요.

## 유희遊戲
-강물사색 7


물에 발 담그고 해찰 부리는
옥잠화 좀 봐요

옥잠화 사이로
농병아리 서너 마리

해가 중천에 머무는데

철딱서니 없이 노니는 물잠자리
나 좀 봐요.

## 곡비哭婢
-강물사색 8

어디에선가 흐느끼는 소리

하루 종일 흐느끼는 소리

강변에 억새풀은 때 이르게 머리가 희고

산 그림자는 아침저녁으로 강에 눕는다

아, 강이 흐느끼는 소리 때문에.

## 종심從心
-강물사색 9


늙은 나무
잎새 푸르다

강바닥 늙은 돌들도
물살에 몸을 비빈다

겨우 내 나이 칠십
새파란 나이.

## 수색秀色
-강물사색 10

물가에 개옻나무 잎새
붉다

문득, 나는 무슨 빛깔인가

시들어버렸다면
나는 한때 무슨 빛깔로 물가에 서 있었을까

떨어진 붉은 개옻나무 잎새를
물고 가는 강물의 입술이 더욱 푸르다.

## 해갈 解渴
-강물사색 11


어스름한 저녁 집으로 돌아가는
어린 짐승들만이 목을 축이는 건 아니다

강가엔 물푸레나무
어린 식솔들을 거느리고
자리 잡은 지 오래고

그믐밤 애달픈 조각달도 먼저
목을 축이고 하늘에 오른다

강심은 깊어
늙은 길손의 발길을 재촉하지 않으려고
머물 듯, 머물 듯 천천히 흐르는데

그저
어린 것들은 목을 축이고 길손은 마음을 축인다.

## 치부恥部
-강물사색 12

망측해라
물오른 새파란 젖꼭지들
물가의 버드나무들 푸른 유두를 내보인다

올봄도
부끄러운 줄 모르고
천지에 제 생식기를 버젓이 드러내 놓을
나무들이여
풀들이여

길잡이로 핀 냉이꽃이
보일 듯 말 듯
어린 치부를 드러내 보이고 있다.

## 월광 月光
-강물사색 13

어머니 슬프도록 맑은 달을 보셔요

강바람에 서걱거리는 갈대꽃들도
서로 달을 보려고 시샘을 해요

정월 열이레 당신은 저를 이 땅에 내려놓고
둥근달을 보시며 무슨 소원을 비셨나요

어머니, 저를 이 땅에 남겨두시고
세상을 떠나신 때도 달빛은 꽃상여를 붉게 물들였어요

달을 보고 살라고
기울면 차고, 차면 기우는 법을 배우며 살라며
그 말씀을 하시지요

어머니, 슬프도록 변함없는 달을 보셔요.

## 감사 感謝
-강물사색 14


강바닥 돌들에게는 강물이 하늘이다

사람이 하늘에 감사하듯
씻기고 또 씻기는 제 몸을 보며
돌들은 강물에 감사한다

장마철 거센 물살에 몸을 맡겨
모난 모서리가 깎이는 아픔을 견디며

차가운 얼음장 밑에서 잠들었던
긴 겨울의 고통을 감내하며

돌들은 돌들끼리 강바닥에 납작 엎드려
오직 강물에 감사한다

제 몸이 오석이 되어서도 엎드려 감사한다.

## 일엽一葉
-강물사색 15

강물에 뛰어내린 붉은 개옻나무 한 잎
떠내려간다

눈 찔끔 감고
떠내려간다

개옻나무 점점 멀어지고
홀로 떠내려간다

가물가물 붉은 개옻나무 한 잎
떠내려간다.

## 공恐
-강물사색 16

강물은 직선을 거부한다
사람이 제방을 쌓고
직선으로 물길을 내는 것은
강물에 대한 예의가 아니다
강물에 대한 폭력이다
보아라
직선의 강에 분노하며 흐르는
저 빠른 유속을,
강물의 속성은 곡선이다
낮은 곳과
더 낮은 곳을 연결하는 아름다운 곡선이다
몇 구비 돌아서라도
곡선을 사모하는 강의 몸짓을 보아라
직선에는 평화가 없다.

## 태동胎動
-강물사색 17


꽃배암이 목욕하던
그 물

무당개구리가 첨벙대던
그 물

잠자리 꼬리 담그던
그 물

생명들의 첫 놀이터이던
강의 발원지.

## 그림자影
-강물사색 18

구름 잔뜩 끼고
우울한 날

강물에 누운 수채화들

수채화 속으로
농병아리 한 마리

결국 수채화가 되고 만다.

## 물과 시인
-강물사색 19


강물을 보다 말고
안수환의 「지상시편」을 읽는다
무수한 $H_2O$들이 한 덩이 $H_2O$로 뭉쳐있다가도
가르고 갈라 마지막엔 눈에 보이지 않는 수분의 원소기호가 역시 $H_2O$로 남듯
티끌이었다가 모래였다가 우주였다가
그 우주를 가르고 갈라 마지막엔
빛나는 지푸라기
안수환의 시가
안수환으로 남아
지금쯤 낡은 냄비에 라면을 끓여 먹고 있을
낡은 세월의 푸대자루를 뒤집어쓰고
장자나 노자, 예수를 주역으로 풀어내고 있을
개똥쑥
강물은 그를 거쳐 왔을 거야.

## 선線
-강물사색 20


나는 플라톤이 아닌데
왜 강물에 비친 산을 봤을까

강물에 비친 산을 보며
산의 이데아라니

어처구니가 없다

기막힌 것은
실체와 그림자 사이에 존재하는 가느다란

선

아, 경계의 두려움이여.

## 투신投身
-강물사색 21

사람들이 강물에 몸을 던질 때는

제 신발을 단정하게 벗어놓는다

이같이 간결한 표현으로 한 생을 말하다니,

그렇구나!
사유의 넝마를 던져버리고

지상에서 시 한 편

나의 신발을 보여주고 싶다.

## 해찰
-강물사색 22


피라미들은 몰려다니며

내가 보기엔 쓰잘데기 없이
이곳, 저곳, 다시 제자리로 몰려다니며

배부르게 물을 마시며

불평하는 듯 몸뚱이를 휘익 돌리며

작지만 눈 부릅뜨고
내가 보기엔 쓰잘데기 없이 노려보며

간혹 주둥이를 물 밖으로 쭉 내밀고 불평을 한다

물 밖이 무섭다는 것을 모른 채.

## 왜곡 歪曲
-강물사색 23


뛰어내리는 것은
투신이다

아주 작은 꽃잎들도
죽을 결심이 없이는 투신하지 못한다

누가 그 용기를 잔인하게
"살포시"라는 단어로 왜곡하는가

강물에 투신하는 것들은
저마다 눈물겨운 사연이 있다.

## 물소리
-강물사색 24

시냇물 소리는 참으로 이상해서

기쁜 자의 귀에는
반나절 깔깔거리는 웃음소리로 들리고

슬픈 자의 귀에는
한나절 훌쩍훌쩍거리는 울음소리 들린다

오늘은 장마 뒤끝
흙탕물
물소리가 없다.

## 투기 投棄
-강물사색 25

페놀이나 쓰레기를 몰래 강물에 내다 버리듯

강물에 내다 버리는 것들 중

흰 국화꽃 슬픔 있지만

가슴 아픈 사랑이 강물에 뛰어드는

아,

그대가,

그대들이 버린 내가

강물에 떠내려간다.

## 강변에 살며
-강물사색 26

강 옆에 살아
물가 수초 아래 붕어처럼
지느러미 파닥거리며
강 옆에 살며
날마다 보는 것이 강인데도
처음 본 것처럼
마치 선보듯 수줍고도
아스라하게 물끄러미 보며
망막 가득 고인 강물을
후두부 기억의 창고로 흘려보내다가
붉은 석양이 강물을 기다리는 것을 보고서야
강은 경계가 아니라
늦가을 하늘 나는 기러기처럼
외롭고도 쓸쓸하게
날아가는 푸른 새떼라는 것을 알았다.

## 강가 돌멩이
-강물사색 27


물에 젖었다
햇볕에 말렸다 하는
강가 돌멩이가
아버지구나

급류에도 제 자리를
버티고 지키는
강가 돌멩이가
어머니구나

자세히 보니
구멍 숭숭한 물때 낀
강가 돌멩이가
누님이구나.

# 2부

안부

## 가을안부


텅 비어 있으니
배고픔을 잊었네

맑음이 사무치고
푸름이 간절했기에

꽃삽으로 가을하늘 한 삽 떠서 보내니
그대 푸르시게

마음 비워 하늘에 내어 주니
나 또한 하늘이네.

# 명함


낯선 사람에게
내 이름을 쥐여 준다

내 이름이
어두운 호주머니에 들어가고

나는 다시 어둠 속에 있다

가끔은 자주
내 이름으로 과속과태료 고지서가 날아오고
어디를 쏘다니느냐 묻지 않아도

외로움 때문이겠지

이해해 주지 않아도

낯선 사람에게
내 이름을 쥐여 준다.

## 부고 訃告

진눈깨비가 날리던 날
친구가 죽었다는 부고가 왔다
바람처럼 불쑥불쑥 전화해서 실없는 소리를 하던 그가
죽었다니 믿어지지 않았지만
진정으로 슬퍼했다
가장을 잃은 가족이 안쓰러웠다
부고 하단에 마음을 전할 고딕체의 계좌번호를 보고
나는 은행으로 달려가 슬픔을 담아 보냈다
죽은 친구 생각에 며칠을 문상하듯 우울하게 보내고 있는데
통신사에서 연락이 왔다
부고를 사칭한 스미싱에 주의하라는 것,
나는 죽은 친구에게 전화해 안 죽었냐고 물었다
헬스장에서 뛰고 있는 그가 건강하다고 대답했다
나는 자초지종 설명하지 않았다
전화를 끊고 하염없이 걸었다.

## 장마

꽃잎 떨어진 자리에
빗물이 고였습니다.

빗물 고인 자리에
다시 꽃잎이 떨어집니다

내 마음에도 오래도록
당신이 고여 있습니다

## 똥차

잘 빠진 세단보다
똥차가 정이 간다
덜컥대고 삐걱거리는
똥차가 정이 간다
언제 설지 모르는 그 날이
비 오는 날 아니고
눈 오는 날 아니기만 빌며
창문을 열고
오늘은 신나게 달린다
마주 오는 검은 세단도
앞서가는 늘씬한 세단도
부럽지 않다
정이 든 똥차가 내 차다.

## 세상에 가장 아름다운 장면

쭈그리고 앉아

작은 물웅덩이 속에

잠든 하늘을

물끄러미 들여다보고 있는

소년.

## 파도소리

동해 파도소리
들어봐

모래알 새는 소리

부질없이
모래알 새는 소리

동해 파도소리
들어봐

모래알 새다 깜박 잊고
다시 새는 소리.

## 밭 하나 사면

나 밭 하나 사면
아무것도 심지 않고
아무것도 가꾸지 않고
쇠비름이랑 바랭이풀이 지 맘대로 자라고
쇠뜨기랑 가시풀이
불러들인 망초가 풀숲을 이루고도
맵싸한 나숭개가
세상의 모든 잡풀들을 초대해
서로 엉켜 살며
겨드랑이에서 풀물 찍찍 내뱉으며
평화롭게 사는
오로지 잡초만의 땅을 위해
나 밭 하나 사고 싶네.

# 붕어

일생을 모로 누워 산다는 것이
얼마나 힘든 일이랴

일생을 지느러미 파닥거리는 것이
얼마나 힘든 일이랴

딱 한 번
생의 마지막은 자유롭게
흰 뱃바닥을 수면 위에 눕히고

한 쪽 눈은 하늘을 보고
한 쪽 눈은 물속을 보면서

딱 한 마디
고맙다, 힘들게 잘 살았구나.

# 나비

날 저물어 어둑어둑한데
나비 한 마리가
보잘것없이 초라한 꽃에 앉아
꽃가루를 모은다

집으로 돌아가기에는 너무나 초라한 소득,

나비는 날 선 햇살에 찢긴 나래를
아파하지 않는다

돌아갈 곳이
더 어둡기 때문에
나비는 꽃 위를 머뭇거린다.

## 씀바귀꽃

누이는 끝내 기침을 멈추지 않고 눈을 감았다

산길에 핀 씀바귀 노란 꽃은
새벽녘에 기침하다 스러진 별이 떨어져
꽃이 되었다고 믿었다

나는 쭈그리고 앉아
그 별에 누워있는 누이를 보았다

씀바귀꽃이 많이 핀 날은
콜록콜록
기침소리가 여기저기서 들렸다

누이의 기침은 모두 노란 꽃으로 피어났다.

# 안부

눈이 와서
당신이 생각났습니다.

비가 와서
당신이 생각났습니다

바람이 불어
당신이 생각났습니다

어제처럼 햇볕 좋은 날은 더욱
당신이 생각났습니다

그런 날은 멀쩡한 안경알을 닦고
눈길이 닿지 않은 곳까지 바라봤습니다

## 간지럼나무 그 사람

할 일도 없고 오늘은
젊을 적 그 사람
겨드랑일 간지럽히듯
배롱나무 옆구리를 간지럽히며
시간을 보냈다

젊을 적 그 사람처럼
웃음을 참느라
배롱나무 잔가지들이
하늘을 붙잡고 몸을 떨고 있는지
배롱나무 옆구리를 간지럽히며
시간을 보냈다

내일도 할 일이 없으면
여기에 와서
젊을 적 그 사람에게 하듯
배롱나무 옆구리나 간지럽히며
시간을 보내야겠다.

## 저승꽃 핀 당신

얼굴에 저승꽃 핀 당신,
이제 보니 아름답네
늙음이 얼마나 아름다운가!
죽음은 늙음의 멈춤이니
허리 굽고 무릎 아파도
그게 몸속의 꽃이거니 하며 참는 당신,
어쩌다 나무 부러지듯 아픔 딛고 허리 펴면
하늘이 환장하게 아름답다고 하신 당신,
오늘 추신으로 내게 전해온 말은
오직 천천히 늙는 길은
가슴에 붉은 꽃 가꾸는 일이니
그 한 사람
손톱에 꽃물들이듯 고이 싸매고
밤을 보내시라 하네.

# 가족


산 같던 아버지
다시 태어나도
당신의 아들이 되겠어요

갯바위 칼바람 마주하던 어머니
다시 태어나도
당신의 아들일 수밖에 없어요

손주를 업어 키운 우리 할머니
다시 태어나도
저를 업어주세요

다음 생도
그 형의 동생으로
그 누이의 오라비로
태어나

이승에서처럼
사랑하며 의지하며
전생을 연습했듯이
그렇게 살아야겠어요.

# 어머니, 그 호칭


어머니 돌아가시고
어머니란 말에 슬픔이 머문 것은

어머니라 부를 사람이
이 세상에 없다는 것

더 한 슬픔은 이제 아무도
부를 이름이 없다는 것

육십 넘은 응석받이가 실없이 부르던 그 호칭,
신열이 날 때 절로 나오던 그 호칭

어머니 돌아가시고
어머니란 말을 잃는 건

불러야 할 온 세상의 이름을 잃는 것.

## 어머니의 사투리


질긴 고기를 먹을 때면
언제나 내게 하시던 어머니 말씀
국어사전에도 없는
-한삐짝에 피마터라
사랑이 넘치는 그 말에
누가 주석을 달랴!
어머니 가시고
홀로 마주한 밥상에
질긴 고기가 올라와도
이제는 영영 들을 수 없는 그 말,
-한삐짝에 피마터라
눈물겹게 그리운 그분의 사투리.

## 오래된 일기


아버지의 오줌을 한 컵 받았어
샛노란 유채꽃 빛깔,
나비가 올까 봐 창문을 얼른 닫았어
아버지는 잠이 드셨어
하늘까지 유채꽃이 핀 길을
오늘은 어디쯤 다녀오셨는지
어제보다 힘이 없어 보였어
내가 손을 잡아드리자
감긴 눈가에
생전에 한 번도 보지 못했던
눈물 한 줄기,
내 가슴에 홍수처럼 흘러갔어.

이십 년 전 일기장 한 쪽
읽고 있습니다

## 아름다운 고집

종기를 딸 때
아버지는 탱자나무 가시를 고집하셨다
소코뚜레로
할아버지는 노간주나무를 고집하셨다

다른 것 쓰면
사독한다고 그것만 고집하셨다

지금은 탱자나무, 노간주나무가 푸르른 계절

아버지는 여전히 탱자나무 가시를 꺾어 오시고
할아버지는 소 울음 건너 노간주나무를 들고 오시고

나는 문을 환히 열고
아름다운 고집을 고이 모셔 들인다.

## 지금이 오월이예요

풀잎 파랗지만
저 풀잎 아래 더 파란
우리 연輦이 누워있다

오늘은 묏등에 제비꽃 입술을 열고
오빠, 지금이 오월이예요
꽃 보세요
저를 보세요
하늘이 푸르러서 마냥 바라보고 있었어요
제가요, 오빠

오는 길에 개나리꽃 피었었나요.
제가 사준 샛노란 옷을 입으셨네요

골바람 꿈발 세워 여시걸음 걷는 오월,
잠들지 않았구나
자주 못 와 미안하다

젖은 눈시울 보이지 않으려
산그늘에 앉았다 뜀박질하며 내려오는데

어린 시절, 살구꽃 아래 그때처럼
오빠, 지금이 오월이예요
환하게 웃으세요
환하게 웃으며 사세요

우리 연蓮이 쩌렁쩌렁하게 내게 말을 한다.

## 할머니의 등


내가 잠든 곳은
할머니 등이었다

우주에서 가장 편안한 곳

별들은 모두
할머니 머리 위에 나비처럼
나래를 접고

업힌 채 등에 쉬를 하면

할머니는
지금 막 예쁜 별똥별이 등에 떨어졌다며

적삼이 젖어도
잠이 든 내가 깨지 않게
그대로 업고 계셨다.

## 나무가 뿌리를 뻗을 때


이불 속이야?
발가락을 꼼지락거려봐

기름 다해 등잔불도 숨 거둔 어둠 속에서
여덟 식구 한 이불 덮고 누웠을 때
발 더 깊게 찔러 넣느라
보이지 않던 싸움,

기억해봐
얼음장처럼 차가운 내 발은
천대받았어

어둠 속은 심해어처럼 눈들이 없어
애벌레들도 아직 눈을 못 뜬 채로
꼼지락거려

그 틈새로 조금씩 발을 내뻗는
내 심정을 이해해 줘

방이 추워?
여기도 그래.

## 사과 맛있게 먹자

온전한 사과는 비싸서 못 사 먹고
상처 입은 사과를 싼값에 사 왔다
벌레 먹은 사과,
까치가 쪼고 간 사과,
흠집 있는 사과를 먹으며
벌레가 아니었으면
까치가 아니었으면
어찌 사과를 먹을 수 있었을까
고맙다 애들아
그래, 벌레와 까치와 같이 나눠 먹는 사과가 어때서?
벌레처럼 야금야금 먹고
까치처럼 한 입 한 입 맛있게 먹자
하느님이 보시면
모두가 같은 내 자식들,
사과 맛있게 먹자.

## 만남과 헤어짐


당신이 나를 안았을 때

내 가슴에
붕어 한 마리
파닥거리고 있다는 걸

당신은 까맣게 모르고

사랑은 언제나 묵언하는 수도승처럼
눈만 끔벅이며 바라볼 뿐

당신이 손을 내게 주고 떠날 때

날 선 면도날 하나가
하늘을 가르고 있다는 걸

당신은 까맣게 모르고.

## 어둠 속에 있는 그대여

강물은 낮은 곳을 찾아 눕고
뿌리는 깊은 곳에 머리를 둔다

결코 누추한 곳을 거부하거나
어둠을 탓하지 않는다

그대 팔을 걷어 올리고 익은 바람 묻어있는
살냄새를 맡아 보아라

당신이 걸어온 길에는
포프라 나무 잎새 여전히 푸르니

별들처럼
어둠에 서 있는 그대가 불을 밝힐 차례다

그대여 어둠을 사르는 불빛으로 일어나
강물처럼, 뿌리처럼 맨발로 달려 나아가라.

# 누수

아직 이별 중이냐
비가 샌다

처음엔 한 방울씩
눈물 그렁그렁 맺히더니

갈수록
우는 날이 많아졌다

밖에 비 오고
내 가슴에 맺혀 대롱거리는 너는

천장에 매달린 채
기어이 눈물을 보이고 말구나.

# 3부

숲에 관한 소묘

## 낙하하는 것들은 모두가 꽃이다

머물 만치 머물렀으면 떨어지는 법

하루 피었다 지는 창포제비꽃이나
절간 마당에 핀 백일홍이나

어린 병사가 숨을 거들 때
그 위로 서슴없이 떨어지는 별똥별이나

자고 일어나 베갯잇에
떨어져 있는 반란의 머리칼이나

바닷가에 밀려온 무수한 페트병과 스티로폼과 낡은 어구,
 이것들은 버려져 있는 것이 아닌 누군가로부터 떨어져 나
온 것들

기뻐하라

당신과 나의 이별은
이제야 꽃이 된 것이다.

## 바람이 사는 곳에


바람이 사는 곳에
나 집 하나 짓고 살고 싶네

바람이 새끼 치도록
대숲 울창하게 가꾸며 살고 싶네

그곳에서 바람 따라 울고
바람 따라 소소蕭蕭히 살고 싶네

앞뒤 문 다 열어놓고
홑적삼만 입고 살고 싶네

빈손으로 오는 바람
빈손으로 맞이하며 살고 싶네

바람이 사는 곳에서
내 마지막은 풍장으로 가고 싶네.

## 어쩌자고 이러는지

어쩌자고 이러는지

일시에 꽃 피고
일시에 잎 돋고

그 꽃그늘에 앉았던 기억

많이 늙었겠다
그 사람

어쩌자고 그러는지

미친 듯이 꽃 지고
미친 듯이 잎 지고

나는 마냥 하늘만 본다.

## 숲속의 초병哨兵


어둠을 지키는 건 나무들이었어
어떤 나무는 수문장처럼 서 있고
어떤 나무는 나졸들처럼 비탈에 서 있었어
날이 밝을 때까지 눈을 부릅뜨고
어둠을 지켜보고 있었어
아침 인사는 가장 먼저 새들이 했어
햇살을 물고 와
햇살보다 더 밝게 노래를 불렀어
햇살이 숲속 골짝까지 가득 들 때에야
나무들은 잠이 들었어
나무가 잠들었다는 건
한낮의 고요가 증명했어
다람쥐 꼬리털이 스쳐도 잠에서 깨지 않던 나무들은
바람이 불자
모두 일어나 창을 높이 들고
행진을 했어
나무가 행진한다는 건
한낮의 그림자가 증명했어.

## 우듬지가 봄이다

겨울 우듬지가 봄이다
지금 그대 겨울을 걷고 있어
칼바람 마주하고 있어도
곧 봄이다
억만년 이어 온 약속
어김없이
흙속에 엎드려 있던 어린 풀씨들 맨발로
천둥 치듯 땅 비집고 올라오는
때가 곧 오리니
그대 아픈 상처는 내버려 둬라
상처에서 움이 돋는
그 우듬지가 봄이다.

## 꽃에 관한 기억

꽃 꺾다
가시에 찔리어 우는 애를 보며

나를 본다

오래 울었다

가슴에 흉터 지고서도
꽃잎 지지 않던 세월

아이야,
오래 울지 마라.

## 들꽃을 보며


우리 호들갑 떨면서 살지 말자

들판의 꽃들은 고요히 피었다
침묵하며 진다

꽃들인들 아픔이 없었으랴

우리 향기 꽃만 못하고
우리 모습 꽃에 미치지 못하니

같은 하늘을 이고 사는 우리
호들갑 떨면서 살지 말자.

# 봄꽃나무

봄꽃나무들은 겨울을 그냥 나는 것이 아니다
무수한 꿈을 꾸며
몇 송이를 맺을까 설계하고
설피었을 때 비바람이 불어오지 않길 기도하고
꽃 지면 언제쯤 잎사귀를 내밀 것인지 계산하고
그렇게 꽃 피우면
벌 나비들 오지 않고 상춘객만이 올려다보는
불임의 고통을 감내해야 하는
저 쓸쓸한 시간들,
이젠 취한 듯 흔들리며 지내야 한다
누가 만개했다고 함부로 말하는가
꽃에 취해 돌아서는 사람들의 발효된 눈웃음이
모퉁이를 돌아서면
봄꽃나무들은 꽃비 뿌릴 계획을 홀로 세워야 한다
아픔이 있기 전,
꿈꾸던 나무들의 겨울은 훨씬 뜨거웠다.

## 꽃들의 기억

돌담 아래 달개비꽃도
제 모습 기억하며
한결같이 피는데
어쩌다 나는 사랑을 잃고 피지 못하는구나

자신을 기억하고 있는 것은
피어있는 것이며

자신을 사랑하고 있는 것은
향기 가득한 일

보아라
그늘 깊은 곳에서도 꽃은 피고
눈길 없는 들길에도 꽃은 피어
홀로 자신을 쓰다듬지 않는가

꽃들이 제 모습 기억하며
한결같이 피는 것은
자신을 사랑하기 때문이다.

## 설경

나무들 백골 드러내 숲은 희어지다
흰 무덤들
바람에 날리는 흰 살점들
한때 뜨겁게 흐르던 피톨이
차갑게 식어 강에 내리면
강물은 잠시 갈 길을 멈춘다
천지가 겨울을 조심스럽게 걷고 있는데
그 속에서도 어떤 생명들은 새끼를 품고
어떤 생명들은 잠을 잔다
지척엔 칼바람은 불어
사람만이, 아버지들만이
눈밭을 걸으며 잃어버린 이름들을 부르며
서럽고도 사납게 포효하고
빈들엔 여전히
차가운 살점들이 휘날린다.

## 자작나무 다비식

겨울산 비탈에 늙은 자작나무 쓰러져 있다
뿌리를 하늘로 쳐들고 넘어져 있다
누군가는 와서 몸뚱이를 토막 내 가르고
늙은 자작나무의 다비식을 올려줄 것이다
자작나무는 스스로 화목이 되어 제 몸을 태울 것이다
줄기부터 뿌리까지 남김없이 태울 것이다
갈참나무, 소나무, 억새풀이 다비식을 지켜보는 가운데
타작타작 제 몸을 태우며 사라질 것이다
그런 날은 눈발이라도 날렸으면 좋겠다
그런 날은 숨죽여 숨은 산짐승이 조문을 오면 좋겠다
그런 날엔 전설처럼 아스런히 들꿩도 울어대고
바람도 적당히 불어 자작나무 흰 재를 천지사방에 뿌려
있었던 자리, 겨울산 비탈의 빈자리로 돌아갔음을
천지신명께 알렸으면 좋겠다.
겨울산 비탈에 늙은 자작나무 아직 누워있다.

## 누가 숲을 죽었다 하는가


숲은 죽었는가
새소리가 없는 아침은 정녕 죽었는가

앙상한 가지 위에 앉아있는
혀 잘린 새들의 석고상

그렇게 석양이 지는데
누가 고요를 평화라고 오도하는가!

숨소리가 멈춘 숲에서
누가 자유를 말하는가!

사나운 이빨, 피 묻은 입들이
무섭게 포효하는 숲

썩은 갈잎 아래서 들리는 노래
지렁이의 울음을 들어보라

숲은 멀쩡하게 살아있다
다만 일어설 때를 기다리는 것이다.

## 깊은 레퀴엠

숲엔 나무들 서 있고
예기치 않은 바람은 불어와
잎새들 마구 떨군다

마지막까지 버티다 떨어진 잎새,
벌레 먹어 떨어진 애잔한 잎새,
어떤 잎새는 너무 일찍 떨어져
바람에 밟힌다

밀지 않아도 넘어뜨리지 않아도
낙엽은 밟히면서
아프냐고 서로 묻지 않는다

벗들이여, 아쉽게 먼저 떨어진 벗들이여
앞서거니 뒤서거니 결국 낙엽이 되어
잠시 그렇게 밟히다가
이내 슬픔까지도 썩는다

잎새는 바람을 이기지 못하고
다만 제 몸을 맡겨
바스락거리는 소리로 영혼에 답을 한다.

## 객관적 견해

산길에서 만난 다람쥐 한 마리가
바위에 앉아 나를 바라보며

-그저 그런 동물이군!

나는 옷깃을 여미고
묵묵히 그 앞을 지나간다.

## 보리밭

보리밭은 보리알갱이만 익어가는 것이 아니라
부정한 바람이 몰래 새끼 치는 곳이다

사람들은 보리밭에 보리밭에
문둥이가 들어가는 것을 보았다 하고

사람들은 보리밭에 보리밭에
아사녀와 아사달이 들어가는 것을 보았다 하고

사람들은 보리밭에서 보리밭에서
애기 울음소리를 들었다 하고

사람들은 보리피리소리가 아닌
꺼시락에 찔린 가시내가 소리죽여 우는 소릴 들었다 하고

보리밭은 보리알갱이만 익어가는 것이 아니라
사람들의 온갖 상상이 새끼 치는 곳이다.

## 라플레시아 당신

당신은 다른 누구보다 월등히 큽니다
당신은 햇빛과 비까지 욕망에 이용합니다

당신을 어느 꽃보다 화려합니다

당신의 꽃잎은 나비의 날개보다 아름답고
당신의 꽃샘은 너무나 요염해 천지사방의 생명을 유혹합니다

당신의 몸에서 나는 지독한 시취마저
파리와 개미를 불러옵니다
결국엔 당신의 화려함에 눈이 팔린 어린 생명들이
당신께 잡아먹힙니다

여기까지 라플레시아 이야기를 맺으며

오, 당신
누구보다 월등하며 욕망이 가슴을 비집고 나오는 당신,
말과 글은 아름다운데
지독한 시취가 나는 당신,
당신께 잡아먹히려다 겨우 살아 돌아온 이를 위해
오늘은 집 모퉁이에 접시꽃 두어 그루 심습니다.

## 미안하구나

새들이 사라지고

메뚜기는 보이지 않고

지렁이가 없는 흙

땅에는 산성비가 주룩주룩 내리고

아, 방사능 바다

우럭아 광어야

미안하구나.

## 도다리의 노래


검은 바다에서
내 노래는 멈췄다네
푸르고 맑은 심해에서
지느러미를 파닥거리며 춤추던
그때에는
멍게랑 넙치, 우럭 벗들 함께
감미로운 모래펄을 박차며
무성한 해초 사이에 숨어
설레는 가슴으로 벗들을 기다리다가
떼 지어 함성을 지르며
사이판에서 동해, 서해로 올라가면
동쪽 바다 명태떼, 서쪽 바다 꽃게떼 합창 소리 들었다네
무슨 연고인지
지금은 검은 바다
물맛도 냄새도 이상한
죽음의 바다에서
자꾸만 지느러미가 마비되어가고
나는 벗들과 떨며
노래를 잃어버렸다네.

## 참치를 위한 시

슈퍼마켓에서 깡통 속에 갇힌 참치를 만났네
참치 떼는 오와 열을 맞춰 바다에서 멀리 떨어진 도시의 복판에 와 있었네
양파를 사러 갔다가 만난 참치 떼를 보며
오늘은 내가 참치를 위해 바다가 되겠다 생각했네
짙푸르고 깊은 대양이 되겠다 생각했네
난 바구니에 참치를 담았네
깡통에 갇힌 참치는 더 이상 파닥거리지 않았네
참혹한 상표에 참치를 가둔 자의 이름이 적혀있었네
너무나 뻔뻔한 이름이 역겨웠네
소주 한 병을 사 들고 들어와 통째로 나팔을 불면서
나는 주문을 걸었네
-나는 바다다. 사모아 섬이 보이는 태평양이다
순간, 소주병에 그려진 파도가 넘실대는 바다와 나는 한 몸이 되었네
깡통에 갇힌 참치를 꺼내 내 속에 방류했네
지금 내가 참치를 위해 할 일은 이것뿐인데
자꾸만 슬퍼졌네.

## 나의 집 나의 하느님

나의 집, 나의 하느님
내가 눕고 뒹굴고 뛰노는 나의 집은 당신입니다
나의 하느님, 당신 안에서 당신을 잃고
내가 울 때 당신은 가만히 문을 닫아줍니다
내가 지닌 언어의 이빨은 너무 날카로워서
당신의 옷소매를 물고 마구 흔들 때
당신은 종일 끌려다니며 고요히 침묵합니다
어느 날 문득 당신은 내 귀에 대고 이르길
아들아, 네 코끝에 호흡이 내가 네게 주는 양식이다
그 호흡을 만드느라 내가 침묵하였다
당신의 그 말씀을 듣고 내가 깊은 호흡을 하며
일용할 양식이 나의 집에 가득함을 감사합니다
나의 집, 나의 하느님.

## 바다가 우는 날

우리 집은 바닷가에 있었다
늘 밀려오는 파도를 보면서 자랐다
어린 나를 무릎 위에 앉혀놓고 할머니는
파수꾼처럼 바다를 바라보곤 했다
바람이 심하게 부는 어느 날,
할머니가 예언처럼 하신 말씀은
'바다가 울면 사람이 죽는다'라는 한 문장
그땐 무슨 뜻인지 알지 못했는데
칠십 년이 지난 지금,
그 말씀이 생각났다
바다 건너 섬나라가 핵 폐수를 바다에 버려
바다가 우는 그 날이 오면
사람들이 독극물을 마구 바다에 버려
바다가 우는 그 날이 오면
우럭이나 도다리보다 사람이 먼저 죽게 되고
바다를 지키지 못한 사람들이
바다가 우는 그 날에야
바다와 함께 죽었다는 것을 알게 된다.

# 4부

자화상

## 디지털 세상

당신이 지운 것이
내 이름입니다

방금 날아가 버린 것이
내 모습입니다

그런데도 마음이 편합니까?

당신의 이름이 지워질까 봐
당신의 모습이 날아갈까 봐

나는 당신을 열지 못하고
여태 이렇게 앉아있습니다.

## 도서관 한 채


도서관 한 채가 폐지를 줍는다
묵묵히 빈 박스를 모은다

천 권의 책이 천 권의 무게로 수레를 끌며
위태롭게 내리막길을 간다

주름투성이 백발, 구부정하고 야윈
도서관 한 채,
여전히 눈부시다

함부로 생각하지 마라
샘물 같은 지혜의 서책이 가득하다

다만 더 이상 아무도 찾아오지 않아
열린 문에 거미집 지었다

저분이 사라지면
도서관 한 채가 통째로 사라지는 것이니

오르막길을 밀며 수레에서 떨어지는

한 줄,

어둠을 비추는 말씀을 읽어보라.

## 자화상

산길에
누군가 무심히 가져다 놓은
나무의자 하나

비 오면 비 맞고
눈 내리면 눈 뒤집어쓰고
홀로 오죽
외로웠으랴

단 한 번도 진득하게
앉았다 가는 이 없고
바람처럼 스치듯 떠나가는 이뿐

무수히 깊은 밤
울던 새도
더는 울지 않고

오래되어
다리 하나 썩어 기우뚱한 채
산길에
나무의자 하나.

# 노환

아프면 늙는다는데
늙으니 아프구나

꽃 시든 자리에
잎 돋는 아픔 있듯

아프고 늙는 것도
견딜 만하지 않은가

다시 잎 지고
빈 가지에 걸린 바람을 보니

늙는 것 또한 아름답구나.

## 내 해골을 본 적이 있다

치통을 앓아본 사람은 안다
죽을 만치
아프다는 것을

밤새 앓다가 아침에 달려간 치과,

머리 전체를 찍은 엠알아이 필름을 앞에 걸어놓고
숭숭 뚫린 나를 본다

살아서 마주 보는 내 해골,
아, 저렇게 생겼구나

유전된 비중격만곡증

조부 묘 이장 때 봤던 기억
아, 그렇게 생겼구나

해골의 오른쪽 맨 끝
이빨을 뺀다.

## 손수건 빨지 마라


눈물 없는 세상에서

눈물 묻은 손수건 빨지 마라

그 귀한 것 빨지 마라

슬픔이 응축된 작은 헝겊

그 귀한 것 빨지 마라.

## 창窓

창은
안에서 밖을 내다보는 것이지만

더 애절한 일은
밖에서 그 창을 바라보는 것이니

그대여
창가에 서 있지 마라

아니다
그대 창가에 서 있지 않아도

그대는 언제나 창이 되어
거기에 있으니

사랑하는 것은
그대 없는 창을 바라보는 것이다.

## 폭력적 인사

나이 든 이에게
건강하냐고 묻는 건 폭력이다
등 뒤에 도사리고 있는 당신,
비교하지 마라
오래됨 또는 낡음에 나는 애착한다
나도 당신에게 병들었냐고 묻지 않는다
그 폭력적 인사에는
당신보다 덜 병든 거울 속의 나를 보고
행복해하는 비열함이 숨겨져 있다
마주 보며 우리는 서로 익숙해져 있어야 한다
오래됨에 대해 낡음에 대해
무관심하며
안녕이라는 모호한 인사보다는
밥 먹었느냐는
아주 동물적이며 본능적이며 식감이 있는
비폭력적인 인사를 하기로 하자
밥은 생존에 절대적인 당신과 나의 관심사이기에
얼마나 솔직한 인사인가.

## 빨대에 관한 명상


사람이 만든 것 중에 가장 악랄한 것이
빨대다
겉에 표시 안 나게
속을 송두리째 빨아먹어 치우는

사랑을 위장한 배신

흙투성이의 신발은
욕망의 늪에 빠져 울지는 않는다

가진 자는 가난한 사람에게 빨대를 꼽고,
권력자는 힘없는 사람들에게 더 깊게 빨대를 꼽고,
말로 먹고사는 사람들은
빨대를 품속에 감추고 눈을 두리번거린다

어느 날 보았다
아버지는 야위어 갔다

돌아가신 아버지의 등에 견고한
빨대가 꽂혀있었다

〈
빨대에 대한 부정적인 생각 때문에
나는 부끄럽게도
아침에 꽃 대궁에 빨대를 들이밀고 있는 나비를 죽였다.

## 인생을 꿈꾸다

웰컴투동막골 영화 보셨나요?
다투다 옥수수 광에 잘못 떨어뜨린 수류탄 때문에
천지에 팝콘이 눈송이처럼 떨어지던 광경,
그 장면이 가장 인상적이었어요

오늘 당신과 다투다 잘못 떨어뜨린 수류탄 때문에
천지에 사랑이 눈송이처럼 떨어진다면
그 장면이 더 인상적일 것 같아요

그보다 둘이 하늘을 향해 입을 벌리고
눈송이를 받아먹는 장면이 클로즈업된다면
그 장면은 너무 아름다울 것 같아요

웰컴투동막골 영화처럼
수류탄을 들고 다녀도 다치지 않는 영화 같은 인생
그 장면을 꿈꾸지 않을래요?

# 말

삶은 구도의 길이라서
만나는 이들 모두 스승이고
하는 말들 모두가 법어니
설령 상소리라 해도
알아들을 수 없는 새소리보다
즐겁지 아니한가
나 오늘 스승을 뵈러
이곳에 왔으니 절을 받으시고
마음 숨기지 마시고
말을 쏟아내소서.

# 뒷모습

뒷모습이 아름다우면
좋으리

평소에는 볼 수 없고
떠날 때면 보이는 뒷모습

그 모습이 아름다우면
너무 좋으리

마지막 작은 욕심이 있다면
마지막 간절한 기도를 한다면

뒷모습이 아름답기를 바라는 것뿐.

## 노구 老軀

파도가 철석이면
뭐 하냐,
내가 무인도인데

바람이 불어온들
뭐 하냐,
내가 빈 가지인데

이젠
이렇게 떠 있고

이젠
이렇게 서 있겠다.

## 도망 逃亡

도망이란 말처럼 자유로운 말은 없다
도망이란 말처럼 매력적인 말은 없다
붙잡힌 사랑으로부터 해방되고
모진 슬픔으로부터 벗어나는 데는
도망이란 말이 딱 제격이다
곰곰 생각해 보면 산다는 것이,
지금 살아있다는 것이
부단히 현재로부터 도망치는 행위이고 보면
도망이란 말은 언제나 미래에 관한 개시이다
그대여, 앞 가로막고 있는 담장을 뛰어넘어
혼자라도 도망치자
욕망의 허깨비를 무너뜨리고
한자리에 머물지 말고
계속해서 도망치자 그대여.

## 거울을 사이에 둔 대화

미장원에 갔다
마스크 쓰고 눈만 내놓고 파마를 하고 있는데
거울 속 여자가 나를 향해 말을 던졌다
-언니는 처음 보네요
-저 언니 아닌데요, 내가 대꾸하자
-여자로 보여서요, 한다
전립선비대증은 여성호르몬이 많이 생성되어서 생긴 것이라고
며칠 전 의사가 내게 한 말이 생각났다
진화하는 것인가?
남자도 여자도 아닌 그냥 사람으로 사는
무책임한 나이가 되었구나, 라고 생각하고 있는데
거울 속 여자가 다시 내게 말을 한다
-목소리는 남자인데 누가 보면 여자라 하겠어요
진화가 아니라 탈피 중이구나 하는 생각이 든다
미장원 문을 나서는데
내가 앉았던 의자에 여자가 앉는다.

## 인체에 관한 기계공학적 접근

　가능한 싱싱하고 말랑말랑한 것들을 연료로 쓴다. 입구에 있는 1차 파쇄기를 지나면 아래로 곧게 난 직선의 튜브를 통과해 2차 정밀분쇄기로 들어간다. 연료가 들어오면 분쇄기 내부에서 용해액이 분출되고 미세하게 분해된 묽은 액상의 물질은 곧장 완만한 곡선의 큰 튜브로 보내진다. 다시 곡선이 심한 길고 좁은 튜브를 따라 흘러내리면서 포도당을 뽑아낸다. 생산 공정이 끝나면 고체와 액체가 분리된 상태로 밖으로 배출되는데 이것이 제품이 아니라 폐기물이라는데 일반적인 개념을 뒤집는다. 놀랍게도 최종제품인 포도당은 기계 자신을 위해 사용될 뿐, 타 기계를 위해 사용되지는 않는다. 이런 이기적인 기계를 자주 정비하느라 공을 들이지만 간혹 시스템이 망가지거나 기억소자가 망가지는 경우는 아예 창고에 처박아두는 경우가 허다하다. 오래된 기계일수록 고장 나는 빈도가 많아지다가 고칠 수 없게 되면 미련 없이 내다 버린다. 이제 싱싱하고 말랑말랑한 연료는 다른 기계를 위해 사용된다.
　〈

질문, 당신은 어떻습니까? 감가상각하면 내구연한은 얼마나 남았습니까?

## 빠이빠이 데이

구순의 어머니 흰 모발을 쓰다듬으며
내가 말했다
-먹고 싶은 거 없어?
-없어
-아픈 덴 없어?
-없어
난 어머니 방을 나오면서 세 살 난 아이에게 하듯
빠이빠이 손을 흔들었고
어머니도 빠이빠이 손을 흔들었다

오늘 백발 성성한 나를 앉혀놓고 젊디젊은 의사가
마치 세 살 난 아이에게 묻듯
-특별히 아픈 덴 없어?
-아픈 덴 없는데 항문 괄약근이…
내 말이 끝나기도 전에 의사는 내게 말했다
-똥구멍이 아프면 외과에 가야지, 똥구멍은 외과지

그가 빠이빠이 손을 흔들었고
나도 아이처럼 빠이빠이 손을 흔들며
진료실을 나왔다

어머니처럼 오늘 행복한 날이었다.

## 대장내시경

내 속을 보여 달라고 하자 그가
속을 비우고 오라고 했다

어디에선가 누군가와 나누었던 낯익은 대화

그렇지
젊은 시절 혼자 자주 하던 기도,

내 속을 보여 달라고 하자
속을 비우고 내게 오라
주께서 말씀하셨다

열 길 물속은 알아도
한 길 사람 속 모른다는 말의 답을 얻기 위해

그 날이 오면
내 은밀한 속을 들여다볼 수 있도록
말끔히 속을 비우고 가기로 했다.

## 늙음에 관하여 1

늙음을 위해 나는 너무나 많은 것을 투자했구나
늙음만을 위해 나는 전혀 아낌없이 투자했구나
보라, 투자한 시간과 돈과 사랑의 결정체인 늙음을,
얼마나 의젓한 모습인가
벗들도 한 치의 오차 없이 같은 길을 걸으며
그 당당함을 백발로 증명해 보이는구나
그들이 내민 검버섯이 핀 손을 마주 잡고
어느 반가움보다 더 반갑게 정을 나누는 일이
늙음 없이 가능키나 하겠는가
육화肉化된 세월의 주름은 또한 얼마나 경이로운가
주름마다 탱탱하게 감겨있는 내밀한 기억의 실타래는
오롯이 내 것이다
걷다가 힘에 부치면 주저앉아 쉬어도 좋고
간혹 길섶의 들꽃 위에 내 꽃을 내맡기고
방광의 잦은 요구에 자애롭게 반응하는 호사도
늙음이 아니고는 누려보지 못한다
곁에 뉘 없어 스스로 묻고 답하다 보면
부처가 되는 일은 예사롭고
자면서도 마당을 밟는 괭이 발소리를 듣는
선잠은 하느님이 주신 은총이다

누가 늙음을 외롭다하는가
도움 없이 홀로 이뤄낸 늙음을 누가 후회하는가.

# 운명

잎새가 움틀 때
자신의 최후가 낙엽이 된다는 것을
알고도 저토록 늠름할 수 있었을까
운명이란 그런 것
비에 젖고
바람에 떨면서도
원망 한번 한 적 없이
오직 제 할 일 다하고 나면
낙엽이 된다는 것은
잎새가 움틀 때
미리 정해져 있었던 것.

## 나는 꽃 피는 중이다

아프면 늙는다는데
아프다

늙으면 아프다는 말도
맞다

사흘은 아프고
나흘은 늙고

아하 꽃들도 아프면서 피고
아프면서 지는구나

아하 아픔이 꽃이구나
지금 나는 꽃 피는 중이구나.

# 늙음에 관하여 2

내 늙음의 모습은
계속해서 나를 밀어낸 흔적

기억 속의 젊은 나보다
현재의 초라함이
승리의 깃발

힘차게 펄럭였기에
찢어진 깃발

요람에 누운
맑은 영혼

지금의 모습만이
타오르고 있는 등불.

## 모습

당신이 아닌
당신의 시에선 향기가 납니다

당신이 아닌
당신의 시에선 꽃이 만발합니다

당신이 아닌
당신의 시에선 사랑이 속삭입니다

당신이 아닌
당신의 시는 너무나 아름답습니다

그런 당신을 생각하다 문득,
나를 봅니다

가슴이 쿵 내려앉습니다.

## 신군주론


왕이 되고 싶은 남자가 있었다
그를 망상장애가 있는 사내라고 비웃었지만
그가 왕이 되면 어떨까 궁금해지기 시작했다

자유분방한 민주사회가 짜증나는 판에
절대군주가 지배하는 왕정이 그리워졌다
왕의 명령에 일사불란하게 움직이는 세상이 보고 싶었다

없는 놈이 있는 놈에게 기어오르고
못 배운 놈이 배운 놈에게 삿대질하는 꼴은
더 이상 참을 수 없다고 생각했다

가난한 놈은 가난한 채로
밑바닥에서 살아가는 것이
공정한 사회라는 그의 말에 공감했다

힘 있는 놈이
마땅히 권력을 행사하는 것이
정의로운 사회라는 그의 말에 환호했다
〈

남자는 남자로 살아야 하고
여자는 여자로 살아야 하는 것이
상식 있는 사회라고 하는 그의 말에 고개를 끄덕였다

평화는 비굴한 논리라며
이웃 나라와 전쟁도 불사하겠다는 그가
용기 있는 군주로 보였다

사람들의 기대를 저버리지 않고
왕이 되고 싶었던 남자는 하룻밤 사이에
정말 곤룡포를 입고 나타났다.

## 시인들이여 너무 오래 살지 마라

시인들이여 너무 오래 살지 마라
삶은 조악한데
화려한 언어로 위장하면 뭐 하냐
간혹 정갈하게 살며
말 아끼고 시 쓰는 시인을 보면
저분 좀 오래 살았으면 좋겠다고
생각하는 사이
동백꽃 지듯 황망히 땅에 눕더라
시인들이여 너무 오래 살지 마라
살아있는 몸에서 시취屍臭가 난다면
그게 무슨 시인이냐
신새벽에 정화수 올려놓고
조왕신께 비는 간절함으로
마음을 지키지 못하다면
그게 무슨 시인이냐
시인들이여 너무 오래 살지 마라.

## 저항을 위한 제언

알람이 울린다고
일어나지 마라

나 아닌 누군가가 맞춰놓은
알람

무시하라

이불을 뒤집어쓰고서도 들린다면
창을 열고 던져버려라

누가 곤한 잠을 깨우는가

동녘 해도 지켜보는데
감히
누가 알람을 울리는가

곁에 있는 알람
망설이지 말고 깨부숴라.

■□ 해설

# 시와 표현 공동체의 삶
### - 김상현 시집 『강물사색』의 세계

권덕하(시인)

 김상현의 시와 함께 어제 걸었던 강가를 새롭게 걷는다. 시인의 눈길 따라 발길 닿는 곳에서 자연의 다양한 표현을 전보다 더욱 또렷하게 느낄 수 있다. 시인이 강가를 걷다 걸음을 멈추고 강물을 읽는 모습이 생생하다. 물길을 찬찬히 살피던 눈길이 강심에 닿는다. 깊은 강은 바닥의 굴곡에 아랑곳하지 않고 묵연하기만 하다. 그 고요의 힘으로 강은 멀리 흐를 수 있다.
 시인의 맑은 눈이 물살을 어루만질 때 시어들이 물을 차고 튀어 올라 의미를 물어 채고 제자리로 돌아간다. 시인은 눈 밝은 관찰을 통한 해상력으로 관습적 직감과 인식 너머에 존재하는,

자연의 진정성에서 말미암는 경이로움과 아름다움을 발견한다. 시집 『강물사색』과 함께 강가를 유유자적하게 거닐다 보면, 빛 발을 흩뿌리는 초여름 실버들과 함께 강가의 바람결을 온몸으로 느끼며 강에 깃들어 사는 뭇 생명들을 새롭게 만나, 우리가 저들과 함께 표현 공동체를 이루며 살고 있음을 실감할 수 있다.

## 1. 강과 함께하는 사색의 아름다움

시인에게 강물의 현상과 기호는 늘 새롭다. 강에서 생기는 온갖 존재자들의 양태에 감응하고 어울리며 사색을 펼치는 생성의 장은 익숙한 대상을 새롭게 지각할 수 있는 시적 지평을 연다. 김상현 시인의 시에서 강은 체험 대상이면서 체험 자체에 일정한 구조를 부여하고 공간과 시간의 지각을 지배하는 배경 존재다. "생명들의 첫 놀이터"에서 발원하여 지속적인 흐름을 체현하는 강은 삶의 비유와 상징의 중심어로 쓰이며 역동적 균형을 잡는다.

강물에 비친

꽃

내 것 아니고

강물에 넘어진

산

내 것 아니고

오직

내 것은

살 비비며 같이 흘러가는

그대뿐.

- 「무욕無慾―강물사색 1」, 전문

    강물은 현재의 생생한 흐름에 따라 지각 경험을 하는 곳이다. '강물사색'이란 이름이 함축하듯이 김상현의 시는 주객 분리 이전의 지각 경험을 통해 물아일여(物我一如)의 세계를 보여준다. 그것은 신체와 물리적 세계의 연속성을 인정하고 존재와 사유의 일치를 현실화한다.

    존재는 시간과 공간적으로 그 실존이 전개되며 생성된다. 이때 "존재의 요인은 흘러가 버리는 것이며 열린 사건"(미하일 바흐친 1895~1975, 러시아 사상가)이다. '나'가 강물에 잠길 때 '나'와 '강물'은 둘 다 변한다. '나'는 강물에 잠긴 '나'가 되고, 강물 역시 '나'가 잠긴 강물이 된다. 이 사건의 흐름에서 '나'가 강물에 잠기기 직전에 '나'와 '강물'의 변하지 않는 측면과 또 강물에 잠기는 순간에 변하는 측면이 서로 구별되지 않는 상태로 주어진다. 이러한 여건과 함께 차이의 생성이 실현되지만, 이미지 그 자체만으로는 생성에 참여할 수 없다. 시인의 체화된 생생한 의식 여건과 함께 살아 있는 미적 직관이라는 고유한 행동을 통해서만이 이미지가 의미의 생성에 참여할 수 있을 것이다.

시 창작과정에서 시인의 의식은 초월적 지위를 누리는 것이 아니라 세계에 잠겨서 활동하는 신체와 함께한다. 시에서 의식은 시적 경험의 장에 포함되어 있으면서 경험을 지각하고 이해하는 소임을 다한다. 주객 분리 이전에 매개 없는 경험의 장에서 외부의 자연과 신체의 연속성은 확보된다. 이때 경험의 대상은 생성하는 과정으로서 신체와 세계가 함께 형성하는 상황이다. 경험의 총체적 장에서 경험 주체는 인간뿐 아니라 동식물에서 무기물까지 아우르는 주체적 형식으로 출현하여 표현 공동체를 이룬다. 김상현의 시에서 사색은 이러한 지각 경험이며 주객이 겹친 상호 표현적 현실의 차원을 이해하는 인식에서 비롯한다.

신체와 함께 현상하는 필연적인 존재자들의 표현을 기술할 때, 시는 사태에 대한 관습적인 일반화나 추상화를 피해 지각적 정서적 현실을 구체화하여 생생한 느낌을 불러일으킨다.

> 떨어진 붉은 개옻나무 잎새를
> 물고 가는 강물의 입술이 더욱 푸르다.
>
> - 「수색秀色—강물사색 10」, 부분

저마다의 빛깔로 빛나는 표현 공동체에서 서로의 빛깔에 감탄하다가 우리는 모두 어느 시점에서 같은 빛으로 저물지만 "붉은 석양이 강물을 기다리는 것을 보고서야/ 강은 경계가 아니라" "푸른 새 떼"라는 것을 알고, "단정하게 벗어놓은" 신발로 한 생을 간결하게 표현하는 "지상에서 시 한 편"을 믿는다. 시인은 삶에서 펼쳐지는 존재자들의 자기표현을 유심히 살펴보고 의미와 가치를 깊이 음미한다.

『강물사색』을 이루는 간결한 표현에 담긴 깊은 의미가 우리를 명상으로 자연스럽게 이끈다. 여기서 명상은 어떤 특별한 깨달음의 경지가 아니라, 제 몸과 마음이 편안하고 행복함을 아는 상태다. 시를 읽다 보면 편안함과 행복함이 이미 우리에게 존재한다는 사실을 알게 된다. 우리가 애써 추구하는 행복이 바깥에 있는 것이 아니라 우리에게 이미 있다는 사실의 깨달음만으로도 우리는 행복하다. 나의 행복이 사회적 기준에 의한 것이 아니라 내가 삶의 충족함을 알아차리는 데 있다는 것만으로 자신을 긍정하고 행복해질 수 있다. 시를 읽다 보면, 조건부 행복이 덧없다는 것 또한 알아차릴 수 있다. 아는 일은 '알', 곧 본질을 아는 것이다. 행복의 본질을 밝히는 시는 알차다.

> 염소는 늙은 모습으로 태어나
> 풀밭 하나로 감사하고
>
> 등 굽은 채 사막을 걷는
> 낙타의 눈망울에는 별들이 깃든다.
>
> ― 「시인의 말」, 부분

자신을 긍정하고 지각과 정서의 현실을 받아들이는 존재자들이 생명의 충족을 누리고 있음을 시인은 알아챈다. 외적 기준을 근거로 자신을 판단하지 않고 존재한다는 사실에 만족하며 살아가는 존재자들의 자기표현을 언어로 형상화하며 시인은 감사를 표명한다. 자기 긍정과 타자 긍정에서 비롯하는 감사의 심정이 시에서 의미 생성을 추진한다. 김상현의 시적 표현은 존재하면서 생성한다는 사실만으로 만족하며 사는 존재자들의 자연스러운 삶을 귀하게 여기고 그 뜻을 기린다.

　존재하고 존재를 지속하려고 제 나름대로 애쓰는 장삼이사뿐 아니라 비인간까지 아우르는 시적 세계는 존재를 망각하고 살아가는 세태에 대해 제소리를 내고 있다. 시인은 시를 통해 존재자들과 자신을 보살피며 존재 표현으로 이루어진 시적 현실을 자각한다. 시가 '무욕(無欲)'의 자리에서 존재자들을 보살피는 일이 곧 자신을 보살피는 것임을 깨닫기에, 시인은 강물에는 모서리가 없음을 알고, "욕망이 질주하는" 도로가 자연의 이법(理法)을 따르는 것이 아니라는 사실 또한 안다. 시인은 존재자들의 존재 방식으로서의 흐름을 '물길'에서 직관한다.

　　물길이 길이다
　　욕망이 질주하는 사람의 길은
　　길 아니다

　　낮은 데를 찾아
　　낮은 자리로 내려앉는
　　말랑말랑한 고집

　　세상에서 가장 부드러운 길

그 길의 끝이 짜디짠 바다라는 것을

알면서도 묻지 않고

묵묵히 흐르는 본성


거슬러 올라가는 사람의 길은

길 아니다

제 몸을 굽히고 낮은 데를 찾아 눕는

물길만이 길이다.

- 「물길-강물사색 2」, 전문


강물에는 모서리가 없다

절벽에 제 몸이 부딪혀도 모서리를 만들지 않는다


산을 만나면 돌아가고

다른 물줄기를 만나면 무동을 태우고 흐른다


모서리가 없기에 강물은

모서리가 있는 것들을 적실 줄 안다.


모든 열매가 모서리가 없듯

강물에는 모서리가 없다.

- 「각角-강물사색 3」, 전문

"모서리가 없기에", "모서리가 있는 것들을 적실 줄" 아는 물길은 "낮은 데를 찾아/ 낮은 자리로 내려앉는/ 말랑말랑한 고집"이 있고 "알면서도 묻지 않고/ 묵묵히 흐르는 본성" 있다. 이렇게 제 본성을 펼치는 물길을 시인은 존재 양태가 저마다 제 본성을 펼치는 '도(道)'를 체현하는 "세상에서 가장 부드러운 길"로 여긴다.

## 2. 임과 우리의 안부를 묻는 길

김상현의 시편은 생성존재론적 맥락에서 생명의 진정성에 호소하는 의미를 발현한다. 주체와 객체로 편 가르는 논리 너머에서 표현 공동체의 배후와도 같은 '텅 빈 마음'이 출현한다. "맑음이 사무치고/ 푸름이 간절했기에" "텅 비어" 있는 이 마음에서 노니는 시적 자아는 기억하고 경험하는 자아와 미적 거리를 유지한 채 존재론적 차이가 생성하는 세계를 알아챈다. "꽃삽으로 가을하늘 한 삽 떠서 보내니/ 그대 푸르시게." 시적 자아에서 비롯하는 이런 시적 표현의 선물을 통해 우리는 풍요로운 존재의 가치를 알아차릴 수 있다. 김상현의 시 덕분에, 텅 비어 있으나 맑음과 푸름으로 풍요로운 생명의 충족감을 우리는 조건 없이 체험할 수 있는 것이다.

> 텅 비어 있으니
> 배고픔을 잊었네
>
> 맑음이 사무치고
> 푸름이 간절했기에
>
> 꽃삽으로 가을하늘 한 삽 떠서 보내니
> 그대 푸르시게
>
> 마음 비워 하늘에 내어주니
> 나 또한 하늘이네.
>
> — 「가을안부」, 전문

흘러가 버리는 존재의 매 순간 미적 직관의 행동이 이루어질 수 있다. 개인이 구체적으로 행하는 단 한 번의 고유한 지각 활동을 통해 차이를 생성하는 존재에 참여할 수 있다. 시적 자아가 생생한 의식의 순간으로 존재할 때, 고유한 사건성의 이미지는 시적 생성에 참여할 수 있다. 시적 자아가 경험 자아를 내면에서 격관(隔觀), 곧 거리를 두고 볼 수 있을 때, 외부에서 주어진 현실이 아니라 내가 결단하고 주도해서 주무를 수 있는 현실을 미적으로 직관할 수 있고 시적 자아가 활동하는 여건이 갖춰지기 때문이다.

인간 주체 중심에서 존재자를 대상화하는 구도를 여의고 주객 분별을 넘어선 자리에는 생성의 과정만이 있다. 하고자 함이 없이 함이 생성되는 '무욕(無欲)'의 자리에서 심려하거나 그리워하며 안부를 묻는 형식을 통해 시인은 고유한 존재의 방식을 밝혀낸다. 무심히 봐 넘겼던 생의 한순간이 그리움의 물살에서 솟구쳐 오르는 것이다. 덧없다고 여기며 슬픔에 잠겨있는 몸에서 덧없기에 오히려 아름다울 수 있는 순간이 되살아나는 현상을 시인은 놓치지 않는다.

김상현의 시는 임들의 고유한 표현을 모시는 일을 한다. 지각과 정서 현실에 밀착된 표현으로 시인은 임들과 소통하고 교감한 사실들을 언어로 형상화하면서 의미를 탐색한 결과를 시적 표현으로 갈무리한다. 경험 자아와 기억 자아에 오롯이 남은 임의 표현을 담아, 시간의 흐름에도 변치 않는 그 무엇을, 몸에 남은 그 표상할 수 없는 흔적을, 시적 자아는 그리움의 힘으로 되살린다. 돌이킬 수 없고 대신할 수 없기에 귀하고 귀한 표현을 시인은 하나하나 챙긴다. 이것이 시인만의 안부를 묻는 방식이다. 임을 그리는 것은 임의 몸짓에 담긴 고유성을 되새기는 것이며 그 가치와 의미를 되묻는 일이다. 시인은 사물이 사물을 대하듯 기계적으로 처신하지 않는다. 시인은 임의 옆이 아니라 곁에 머물고 그 머묾의 내적 의미가 현존하는 정황에서 통일되는 미적 질서를 그려낸다. 삶과 시의 이러한 미적 통일성을 온전히 구현할 수 있을 때 시인은 자신에게 감사한다.

종기를 딸 때
아버지는 탱자나무 가시를 고집하셨다
소코뚜레로
할아버지는 노간주나무를 고집하셨다

다른 것 쓰면
사독한다고 그것만 고집하셨다

지금은 탱자나무, 노간주나무가 푸르른 계절
〈

아버지는 여전히 탱자나무 가시를 꺾어 오시고

할아버지는 소 울음 건너 노간주나무를 들고 오시고

나는 문을 환히 열고

아름다운 고집을 고이 모셔 들인다.

– 「아름다운 고집」, 전문

임은 가셨지만 임이 남기신 언행은 시적 표현을 통해 늘 의미 있게 생동한다. "눈물겹게 그리운" 어머니의 사투리, "사랑이 넘치는 그 말에/ 누가 주석을 달랴!" 몸이 기억하고 있는 임의 말씀과 몸짓이 육신의 부재 상태에서도 법신(法身)의 상태로 현존함을 선연하게 느낄 수 있고 이런 실존을 시인은 시적 표현으로 밝힌다. "나는 문을 환히 열고 아름다운 고집을 고이 모셔 들인다." 시인은 "업힌 채 등에 쉬를" 해, "적삼이 젖어도/ 잠이 든 내가 깨지 않게/ 그대로 업고" 계셨기에 "할머니 등"을 "우주에서 가장 편안한 곳"으로 기억한다. 몸에 남은 지각과 정서의 실재에서 시인은 임들의 고유한 언행을 상기하고 임들의 살갑고 웅숭깊은 삶을 시에 온전히 밝혀놓는다.

시집의 3부 '숲에 관한 소묘'에서 시인은 우리의 삶을 자연의 비인간적 존재자들에게 비춰봄으로써 인간 중심적인 관점 너머에 존재하는 가치와 아름다움을 상기시키며 시적 외연을 확장한다. "눈길 없는 들길에" 핀 꽃이 "제 모습 기억하며/ 한결같이 피는 것"을 "홀로 자신을" 사랑하는 존재 방식으로 시인은 읽고, "상처에서 움이 돋는/ 그 우듬지가 봄"이고, 고통의 의례를 겪지만 "꿈꾸던 나무들의 겨울"이 "훨씬 뜨거웠음"을 시인은 상상한다. 타자들과 스스럼없이 만나 타자성을 새롭게 지각한 결과를 시적 표현으로 갈무리하면서, 비인간들이 자기표현을 통해 우리의 삶에 뜻깊은 가치와 의미를 준다는 사실을 시인은 밝히고 있다. 또한 시인은 비인간들의 삶과 관점에서 세상을 성찰하고, 기후변화 때문에 생존의 위기로 치닫는 상황을 안타까워한다. 비인간들도 나름대로 고유한 방식으로 존재하고, 자신의 존재를 유지하기 위해 애쓰는데, 이런 사실을 무시하거나 망각하고 사는 편협한 인간 중심적 문명의 폐해를 시인은 개탄하고 있다.

이어서, 시적 자아가 시에 비춰본 지각과 정서의 현실로 구성된 '자화상' 시편에서 시인은 자신의 처지와 경험 자아의 현실을 성찰하며 미적 질서를 부여한다. 살면서 어떤 의문에 대해 대답하는 일에, 의문을 가진 자신과 의문이 생긴 과정을 성찰하는 경험이 포함될 때 참된 의미가 생성되는 대답을 살아갈 수 있음을 시인은 시를 통해 밝힌다. 외부자가 아닌 체험자의 처지에서 반성하며 주객 미분의 차원에서 경험하는 자아와 이런 상태를 사유하는 시적 자아로 분화된 의식을 시적으로 통일하는 과정에서 시적 자아는 경험 자아와 소통함으로써 새로운 의미를 생성하는 것이다. "아하 꽃들도 아프면서 피고/ 아프면서 지는구나"라는 깨침에 이어 "아하 아픔이 꽃이구나/ 지금 나는 꽃 피는 중이구나"에 도달하는 과정에서 시인은 자연의 이법(理法)을 수용할 수 있는 시적 역량을 적실하게 보여준다.

타자와 함께하는 시적 자아의 존재 방식에서 비롯한 시적 표현을 김상현 시인은 "꽃삽으로 가을하늘 한 삽 떠서" 보내듯 우리에게 선물한다. 이런 무위와 무상의 자리마다, 관습적이고 기계적인 세상을 가로지르는, 충족한 삶의 표현이 공감의 결실을 보아, 우리가 살아가는 표현 공동체의 삶은 더욱 뜻깊고 풍요로워진다.